푸른 느낌표!

푸른 느낌표!

홍해리 시집

우리글

목차

가을 들녘에 서서 · 13

바다에 홀로 앉아 · 14

설중매雪中梅 · 15

지는 꽃에는 향기가 있다 · 16

가을이 오면 그것이 팽창한다 · 18

가을 연가 · 20

연가 두 닢 · 22

나 죽으면 바다로 돌아가리라 · 24

난이여 그대는 · 27

몸 닿지 않는 사랑 · 28

보세란報歲蘭 · 30

날아라, 난아 · 32

숲 속의 담론 · 34

갈시詩 · 35

초여름에서 늦봄까지 · 36

어둠이 되고 싶네 · 39

여름은 가을을 위해 · 40

거금도 바다에서 · 41

타는 바다로 비를 몰고 갔다 · 42

소록도에서 · 43

자화상 · 44

지독한 사랑 · 46

수평선을 찾아서 · 48

차용증/각서 · 49

봄눈 · 50

적요 속으로 · 51

절정을 위하여 · 52

연꽃바다 암자 한 채 · 54

수미차水味茶 · 55

엽서 · 56

가벼운 바람 · 58

절창 · 59

먹통사랑 · 60

아름다울 미「美」자字는 여자다 · 62

게릴라 전법 · 64

저녁 한때 · 66

가을 서정抒情 · 68

황홀한 봄날 · 69

산벚나무 꽃잎 다 날리고 · 70

가을 한때 · 71

숨구멍은 왜 열려 있는가 · 72

한탄강에서 · 74

청명清明 · 76

우도牛島에서 · 77

봄[春]꽃과 꽃봄[見] · 78

등꽃 아래 한나절 · 81

백수白首의 백수白手의 꿈 · 82

우리나라 사람들은 · 83

상사화相思花 · 84

옥진玉塵의 시詩를 위하여 · 86

낙엽 또는 시린 정情 · 87

관음소심觀音素心 · 88

제주한란 · 90

금란초金蘭草 · 92

황홀 · 93

사랑의 뿌리 · 94

해장술 한잔 할까, 우리? · 96

가을 수채화 · 97

금빛 처녀 · 98

흔적 · 99

귀 · 100

몸 1 · 102

가을 엽서 · 104

꿈 2 · 106

풀벌레 울음소리 · 108

몸 2 · 109

한가을 · 110

한로寒露 · 111

길고 쓸쓸한 하루 · 112

춤 · 114

이슬 · 116

천지간에 절대 사랑 어디 있으랴 · 117

사랑이여 가을에는 · 118

그믐달 · 120

남한강에 가서 · 121

도화桃花 · 122

5월은 오고 · 123

종鐘이 있는 풍경 · 124

겨울을 찾아서 · 126

겨울밤의 꿈 · 127

북한산 · 128

먼지의 무게 · 130

오죽烏竹 · 131

오오, 너 여자여 · 132

꿈 1 · 134

이 맑은 날에 · 136

커피를 타며 · 137

가을의 무게 · 138

시詩를 찾아서 · 140

가련하고 연약한 별에서 · 142

봄비 갠 뒤 · 143

등藤과 오동梧桐의 등燈 · 144

달빛 속 풍경 · 145

쪽빛 바다를 찾아서 · 146

꿈꾸는 봄바람 · 148

부드러움을 위하여 · 150

그리움을 두고 · 151

파도의 말 · 152

시간을 찾아서 · 153

투명 속에서 · 154

세란헌洗蘭軒에서 · 156

푸른 느낌표!

가을 들녘에 서서

눈멀면
아름답지 않은 것 없고

귀먹으면
황홀치 않은 소리 있으랴

마음 버리면
모든 것이 가득하니

다 주어버리고
텅 빈 들녘에 서면

눈물겨운 마음자리도
스스로 빛이 나네.

바다에 홀로 앉아

도동항 막걸리집 마루에 앉아
수평선이 까맣게 저물 때까지
수평선이 사라질 때까지
바다만 바라다봅니다
두 눈이 파랗게 물들어
바다가 될 때까지
다시 수평선이 떠오를 때까지.

설중매雪中梅

창밖, 소리 없이 눈 쌓일 때
방안, 매화,
소문 없이 눈트네
몇 생生을 닦고 닦아
만나는 연緣인지
젖 먹던 힘까지, 뽀얗게
칼날 같은 긴, 겨울밤
묵언默言으로 피우는
한 점 수묵水墨
고승,
사미니,
한 몸이나
서로 보며 보지 못하고
적멸寂滅, 바르르, 떠는
황홀한 보궁寶宮이네.

지는 꽃에는 향기가 있다

한겨울 잠든 지붕 아래
밤새도록 도굴한 하얀 뼈
백지에 묻는다
내 영혼의 그리운 밥상, 따순
뼈와 뼈에 틈새가 난다
빛을 내지 못하고 받아들이기만 하는
그대와 나의 살피
그곳에 피어나는 노래

— 영원을 노래하라 우주를 노래하라
 생명을 노래하라 자연을 노래하라
 영원은 찰나 속에 묻고
 찰나는 영원 속에 있어
 그들을 잇는 밀삐는 하나라네 —

절필하라 절필하라 외치며
추락하는 마침표들
백지 위에 허상의 집을 짓고
향기 나는 뼈로, 부드러운 뼈로
현현할 나의 시여

지지 않는 꽃에는 향기가 나지 않는다
모순으로 마감하는
나의 뼈여, 나의 시여.

가을이 오면 그것이 팽창한다

가을이 오면
모든 생명체의 핵이 팽창한다
그리하여 우주는 둥글다
지구도 둥글다
우주의 자궁 속
모든 생명체는 말랑말랑하다
모가 나고 각이 진 것은
물과 바람과 흙과 불의 세월에 깎이고
닳아져 둥글어진다
사랑도 그렇다
야들야들한 네 팔에 안겨
꼬물꼬물
단내를 풍기는 사랑도
가을이면 둥글어지고
비어 있는 들녘에도
텅 빈 하늘가에도
토옥 토옥, 톡톡거리는 소리에
또르르 구르는 이슬방울 속
빛나는 우주여
그 중심을 향해서 먼 길을 가는

쓸쓸한 내 발자국 소리 차가우나
우주는 비어 있어
늘 채우려고 팽창하고
사랑도 비어 있어
내가 네 속으로 들어가
채우려 드는 것인가
그러나 눈독들이지 말라
우주의 중심은 없다, 그것은
바로 나다
동동대는 지금 여기 그것이 팽창한다.

가을 연가

처서 백로 지나고 한로도 지나
초라해진 풀잎에 맺히는 이슬
방울방울 시리게 몸을 떠네
눈 시려 눈이 시려
아침 안개에 마음마저 부셔
바래지는 어둠 속으로
가는 이 없어도 마음 서럽고
슬픈 일 없어도 눈물은 젖어
이슬방울 안경 삼아
뒤돌아보면 출렁이는 바다
파도만 끝없이 가슴을 치고
버리지 못하고 흘러가는 세월
비단길 같은 꿈길도 외로워
길 따라 피어나는 눈물이거나
끝없이 따라오는 그리움이여, 이제
눈에 선히 밟히는 별이 되거라
함부로 사랑한다 말하지 말고
스쳐 지나는 바람의 손짓 따라
너의 목숨을 흔들어 대며
몌별袂別 연습을 하지 말거라

텅 빈 들녘으로 비어 있는 하늘로
가을은 가고 겨울은 젖고 있으니.

연가 두 닢

하나 · 침향枕香, 그 식물성 사랑

두 줄기 강물이 만나는 곳
깊은 펄 속에 잠겨
정지된 기나긴 시간
천년 세월을 이겨낸
참나무 고목처럼
외로움이 되어버린 내가
너에게 기대어
꿈을 꾸노니, 이 세상에서
가장 아름다운 한 닢의 어둠
마지막으로 너에게 막막히 갇히노니.

둘 · 귀천歸川, 그 동물성 사랑

너에게 엎어져
아련히 구르노라면
하루 한나절 네 숨소리에 취해
마음 맑은 슬픔이 되랴

네 몸에 맺힌 이슬
내 입술만 축여도 나는
온몸이 다 젖어
기다리노니, 눈물로 기다리노니
모천母川에 돌아온 한 닢의 사랑
내 종일 젖어 앓고 앓노니.

나 죽으면 바다로 돌아가리라

넓고 넓은 바닷가 외진 마을
어머니의 고향
우주의 자궁
나 죽으면 그곳으로 돌아가리라
돌아가 그 보드라운 품에 안겨
무한과 영원의 바다를 살리라
이승에서 지은 죄와 모든 때
뜨거운 불로 사루고 태워
한 줌의 가루로 남아
천지를 진동하는 폭풍과 파도에 씻기어
벽옥의 바다 속 깊이 가라앉으리라
꽃 한 송이 무슨 소용 있으랴
빗돌이 무슨 필요 있으랴
이름도 흔적도 꿈도 잊어버리고
붉은 해 바다에 떠오를 때
바다를 깨워 바다에 뜨고
진홍빛 노을 서녘 하늘 물들이면
나 파도와 함께 잠들리라
하늘에 수많은 별들 불 밝히고
하나가 따로 없는 바다에서

나도 하나의 바다가 되리라

그리하여 파도의 꿈을 엮으리라

어린 아이 맑은 미소의 집을 짓고

혼돈의 바다

원시의 바다에서

그 조화의 바다

생명의 바다에서

일탈한 죽음의 넋들과 만나

아름다운 불륜으로 자유의 사생아를 낳으리라

끝없이 한없이 낳으리라

묵시와 화엄의 바다

충일과 자족의 바다에서

파도가 파도를 낳고

그 파도가 파도를 낳고 낳으리라

파도 하나가 다른 파도를 흔들어

온 바다가 하나의 큰 파도로 피리라

바다가 껴안고 있는

바다 속 물의 섬에는

자연의 혼교가 이어지고 이어지고

설렘이 죽은 바닷가에서

또 다른 설렘이 태어나고
그리움이 끝난 바닷가에서
또 다른 그리움이 피어나고
사랑이 끝난 바닷가에서
또 다른 사랑이 일어나고
울음도 눈물도 다 죽은 바닷가에서
또 다른 울음과 눈물이 솟아나고
ㅎㅎ! 웃는 소리도 끝난 바닷가에서
또 다른 웃음이 터져 나오는
오, 절망의 사랑이여
절망의 절망의 사랑이여
나 죽으면 바다로 돌아가리라
절망의 바다로.

난이여 그대는

보이지 않는 영혼의 춤인가
닿을 수 없는 정갈한 정신의 벼리인가
뼈를 저미며 품어야 할 교훈의 말씀인가
별의, 하늘의, 우주의 투명한 선문답禪問答인가
새벽녘 푸르게 빛 발하는 화두話頭인가
빈혈의 일상을 밝히는 중용中庸의 도道인가
한밤에 홀로 깨어 고뇌해야 할 지고선至高善인가
난바다처럼 바라보는 미립의 거울인가
정한 눈물로 맑게 씻은 단단한 꿈인가
말없이 관조의 세계를 보여주는 비구比丘인가
드러내지 않는 자족自足의 예술인가
소리 없이 가슴에 차는 참그린 정情의 여유인가

난이여 그대는?

몸 닿지 않는 사랑

1. 청악매靑萼梅 피고

삼복에 맺은 인연
섣달 그믐밤
비밀보다 은밀하니 터뜨린다
톡, 토옥, 톡톡톡!
백자 항아리
빙하의 알
고이 품다
드디어 펼쳐 놓는
향香.

2. 지다

눈 쌓인 적막한산寂寞寒山
새벽녘
시리디 시린
눈빛을 잃다
너는 푸른 감옥
나는 기꺼이

너의 좁은 감방에
갇히느니
거대한 어둠
그 속에서, 나는
황홀토록 환하다
몸 닿지 않는 사랑
너에게 닿기도 전
벌써 떠나는
한순간의 텅 빈 막막함.

보세란 報歲蘭

― 백묵소 白墨素

삼복더위, 가을을 넘더니
아세亞歲 지나
새해가 온다고, 너는
나를 무너뜨리고 있다
네 곁을 지켜주지 못하는
나의 무력함―
겨우내 감싸주지 못한
너의 외로움
밤새도록 몸이 뜨겁더니
안개처럼 은밀하니 옷을 벗고
달을 안은 수정 물빛으로
절망의 파편들을 버리고
드디어 현신하다
수없이 날리는 향香의 화살들
눈물겨운 순수의 충격이다
새 천년 첫 해오름과
첫날밤의 달빛으로
수천 억겁의 별빛을 모아
내 가슴에 쏟아 붓는,
적요의 환희와

관능의 절정
너는 불꽃의 혀로 찍는 황홀한 구두점
또는
푸른 느낌표!

날아라, 난아

본디 너의 고향은 하늘이었느니
어쩌다 지상으로 추락하여
잃어버린 날개로
늘 날아오르려는 너는
그리움으로
꽃을 피우느니
날개꽃을 피우느니
'해오라비난초 잠자리난초 나비난초 제비난초
갈매기난초 방울새란 병아리난초 나나벌이난초
닭의난초여!'*
날아라, 난아
나비처럼 제비처럼 해오라비처럼
갈매기처럼 방울새처럼
네가 피우는 꽃은 날개다
날개꽃이다
비상이다
저 무한천공으로, 영원으로 날아라, 난아
그러다 글 읽는 선비들 있거든
새벽 창가에 내려앉아,
노래하거라

난의 노래를,
우주와 영혼의 노래를
푸르게 푸르게 영원을 노래하거라
날아올라라.

*위의 난초들은 우리나라에 자생하는 90여 종 가운데 일부임.

숲 속의 담론

'나는
풀이고 꽃이고 나무요 바위이다'

'너는
물 속에 있고 흙 속에 있고 바람 속에 있고 불 속에 있다'

'나는 우주요
나의 삶은 우주 경영이다'

'네속에는먼조상들과또먼자식들이들어있다너는태고요먼먼
미래,영원이다'

〈가을비 오는 숲 속에서
홍자색 보석으로 머리치장을 하고
홀로 서 있는
싸리꽃을 만나
가을비에 추적추적 젖으면서
나눈 담론이었다.

신사년 칠월 열아흐렛날 적음.〉

갈시詩

가을이 오자
탱글탱글 여무는
부사리의 불알
불알 속의 탱탱한 불꽃
불꽃이 담금질하는 창 끝
창 끝에 걸린 하늘
하늘의 쪽빛
쪽쪽쪽, 쪽쪽!

초여름에서 늦봄까지

1
그해 여름
혼자
빨갛게 소리치는
저 장미꽃더미 아래
나는
추웠네
한겨울이었네
속살 드러내고 속살대는
초여름 문턱에 서서
나무들은 옷을 껴입고 있었네
연초록에서 진초록으로.

2
천둥과 번개 사이로
불볕더위가 느릿느릿 지나가고
흰 이슬 방울방울
지천으로 내리는
황금벌판…
발가벗고 누워도
부끄럽지 않았네.

온몸의 광채
저 높은 거지중천으로
흥겹게 퍼져
하늘을 덮고 있었네
가슴에 응어리진
아픔의 알갱이도 금빛으로 익어
투명한 빛살로 원을 그리고
견고한 열매 속
하늘로 하늘로 길이 열리고 있었네.

3
온 세상에 흰눈이 내려쌓여
천지가 적막에 잠길 때
포근한 눈이불을 뒤집어쓴
보리밭 이랑이랑
별로 뜨고 있었네, 나는
긴긴 밤 서성이며
잠 못 드는 저 보리 싹들을 안고
일어서는 은빛 대지는
가장 지순한 한 편의 위대한 시를

깊이깊이 품어 안은 채
수천수만의 꽃봉오리를 밝히고 있었네.

4
산비둘기 울음으로
쑥 냉이 꽃다지 벌금자리로
돋는 사랑이여
차라리 질경이 속에 들어가
작디작은 씨앗이 되어
그리움이 이는 풀밭 길
연초록으로 피어나고 싶네
빛과 어둠
시작과 끝
삶과 죽음을 잇는 끈이 되어
두 손길 마주잡고
눈에 젖는 사랑
따숩은 세상길에
그의 시간이 되고 싶네
무량공간으로, 나는.

어둠이 되고 싶네

여름은 위대했던가
온 산의 초목들이 솟구치는 새벽녘
껍질을 벗기듯
찌든 때를 씻어 내리고
길을 닦아 너에게 갈 때
하늘이 터뜨린 562mm의 눈물
천지간 세력을 몰아
세상을 물의 감옥으로 만들더니,
이제 가을이 소매 속으로 스며
홀로 고개를 조아리고 있네
네 앞에 서면
질경이 씨앗만한 내 사랑에겐
달빛도 사뭇 버거운데
산이 온몸으로 말을 걸어오니
나는 새까맣게 귀먹은 바위
자유란 완벽한 허무
그 속에 갇혀 어둠이 되고 싶네.

여름은 가을을 위해

천둥소리도 멎을 때가 있고
번개는 금방 울음을 그친다
비워야 채우지 않느냐며
혼자서 눈물짓는 그대여
소소히 내리는 비에 젖어
소양배양하지 마라
제방이 물을 막고 있지만
둑을 무너뜨리는 것은 물이다
햇볕이 쨍쨍해
질긴 장마에 눅눅해진 육신을
푸른 하늘에 펼쳐 놓으니
우박 같은 빗방울이, 다시
부대낀 생의 흔적과 상처를 적시고
이내 사라져 버린다
천지간에, 홀로, 서서
비를 몸으로 받아, 혼자, 젖어도
여름은 열음을 위해 열을 낸다.

거금도 바다에서

배를 타고 바다와 부딪칠 때
우리들은 깨어지고 있었다, 그녀는
비록 치마끈을 풀고 있었으나
바다는, 속을 드러내지 않았다
우리는 겨우 바다를 읽는 척했지만
완강한 파도는 은빛으로 부서지며
끈질기게 일어서고 있었다
감성의 만족과
욕망의 충족이 쾌락이라지만
우리들의 쾌락은 이미 고통 속에 있었고
푸른 영혼의 불빛 하나
멀리서도 반짝이지 않았다
감성과 욕망은 산산이 깨어지고
만족도 충족도 없는 고통의 바다에서
그리움은 눈썹 위로 떠돌았다.

타는 바다로 비를 몰고 갔다

거금도 바다에 닿은 다음날
고문하듯 내리꽂히는 빗줄기
밤알만한 빗방울…
해면에 닿자마자 물기둥을 세우고
은빛 왕관을 만들어 씌워 주었다
흔들리는 배 위에서, 우리는
갈 길 잊고 서 있는 나무들처럼
뿌리까지 흔들리면서
무작정 막소주를 마셔댔다
이제껏 지고 온 세상의 무게도 잊고
그렇게 하루가 노박이로 젖었다
치맛자락이 무거워
바다는 자꾸 쓰러지며
너울 타는 파도를 일으키고
우리는 영혼까지도 벗어 놓았다
사람도 섬이 되는 것을
우리는 거금도 바다에서 알아버렸다
섬이 바다 속으로 떠나가고
우리가 섬이 되어 빗속에 떠 있었다.

소록도에서

눈이 멀게 쏟아지는 햇빛과
태울 듯 뜨거운 햇볕과
뚫고 들 듯 날카로운 햇살의
불볕 속에서도
어쩔 수 없이 햇발은 점점 짧아지는데
하늘 보고 누워 있는
한하운 시비 하늘빛이 서러워
우렁우렁 울음으로 아프게 끓어오르고
매미들도 독이 올라 한낮을 울다
잠시 조용해진 틈새
조막손이 경비아저씨는
필사적인 적막 하나를 잡고
허공 속에서 바둥거리고
길가의 잔디도 노랗게 타서
소리 없는 비명만 내지르는데
팽나무 아래 풀밭에서
진일 시인의 세 살배기 꽃딸
앙증맞게 토해내는 이미자
잠시, 나무 그늘이 흔들렸다.

자화상

나의 몸은 정사각형
몸 위에는 정삼각형의 머리
하늘을 향해
똑바로 붙어 있고
양쪽엔 두 개의 원으로 된 팔
세상을 상대로
제대로 달려 있고
밑에는 두 개로 된 하나의 삼각형
다리가 되어
우주를 딛고 있네.
하나의 삼각형은 개성을
사각형은 지성을
원은 사랑을
두 개로 된 삼각형은 섹스를
상징한다 할 때
마음대로
상상해 보시라
그것은
그대의 자유
그리고 그대도 한번 그려 보시길

그대의 자화상을
…푸른 영혼을 위하여
단,
이 네 가지 중 하나는
반드시
두 번 사용해야 함
그대의 자화상은?

지독한 사랑

나,
이제
그대와 헤어지려 하네
지난
60년 동안 나를 먹여 살린
조강지처
그대를 이제 보내주려 하네
그간 단단하던 우리 사이
서서히 금이 가고
틈이 벌어져
이제 그대와 갈라서려 하나
그대는 떠나려 하지 않네
남은 생을 빛내기 위해
금빛 처녀 하나 모셔올까
헤어지는 기념으로
사진도 두 번이나 찍고
그대와 나 사이를 이간질하던
나의 나태와 무관심을 나무랐지만
그대를 버리기
이렇게 힘들고 아플 줄이야

이 좋은 계절

빛나는 가을에

오, 나의 지독한 사랑,

6번 어금니여

나 이제 그대와 작별하려 하네!

수평선을 찾아서
— 울기등대에서

하늘과 바다가 붙어 있었다 끌고 당기는
끝없는 되풀이였다 생도 사도 없는 무한
존재의 팽팽한 긴장이, 때로는 흐느적이며
삶과 죽음의 노래를 연주하고 있었다

무시로 움직이는 보이지 않는 힘의 적멸의
수궁과 천궁이 위도 아래도 없이 합일의
흰 꽃을 피워내고 있었다

거품을 물고 쓰러지는 비명처럼은 서둘지 말자
느릿느릿 가다보면 하늘물이 들고 바닷물이
들어 순간 하늘이 되고 어쩌면 바다가
되는 것이 아니겠느냐

그리움 한잔에 취해 눈썹 위에 출렁이는
물결, 내 눈이 만들어 몸 벗어버린 곡선이
아름다웠다 활시위를 당긴 듯 팽팽한 곡선이
검푸르게 떨고 있었다 수평선은 없었다.

차용증/각서

阡金 詩壹萬篇整

  위의 금액을 정히 차용하였으나 지금은 이자는커녕 원금 조차도 반제할 수 없을 뿐만 아니라 앞으로도 얼마나 더 차용할지도 모르오나 이 금액을 죽을 때까지 조금씩 지불 하되 만일 약속을 이행하지 못할 경우 어떤 법적 조치도 감수하겠기에 이 각서에 명시합니다.

  단, 나의 시는 풀 물 꽃 흙 나무 하늘 사랑 바다 사람임.

2001년 3월 1일

142-892 서울特別市 江北區 牛耳洞 124-17
주민등록번호 : 000818-1023721

洪 海 里 (印)

영원한 무한 채권자인 위대한 대자연大自然 님 귀하

봄눈

봄눈이 청승떨며 내리는 저녁
사람이 무엇인가 생각합니다
사랑이 무언가를 그려봅니다
쓰레기통에도 눈발은 들락이고
비바람 헤치며 살아가는 이승길
자꾸만 비워지는 몸뚱어리로
몸 달고 맘 달아도 부질없어라
사랑이 봄눈 같은 것이겠느냐
텅 빈 가죽포대는 묻고 있지만
흔적 없이 사라지는 봄눈발이여.

적요 속으로

산비둘기
우는
저녁답
홀로
산에 들어
발자국 패인
길 따라
우렁우렁
쌓이는
적요 속으로
거대한
투망을 던져
지는 해가
지구를
잡아 올리다.

절정을 위하여

조선낫 날 빛 같은 사랑도
풀잎 끝의 이슬일 뿐
절정에 달하기 전
이미 내려가는 길
풀섶에 떨어진 붉은 꽃잎, 꽃잎들
하릴없이 떨어져 누운 그 위에
노랑나비 혼자 앉아
하마하마 기다리고 있다
절망이 아름답다고
노래하는 시인이여
슬픔도 눈물로 씻고 씻으면
수정 보석이 되고
상처도 꽃으로 벌어
깊을수록 향으로 피어오르는가
마음을 닦아볼까
스스로 깊어지는 숲
속으로 들어가
흔적도 남기지 않는
바람을 만나네
무거운 마음 하나 머물고 있는

바위 속을 지나니
절정은 이미 기울어지고
풀 새 벌레 한 마리 들리지 않네
목숨 지닌 너에게나 나에게나
절정은 없다.

연꽃바다 암자 한 채

1
꽃은 핀 적도
진 적도 없다
은은한 향기 먼 기억으로 번질 뿐
꽃은 피지도
지지도 않는다.

2
가벼운 목숨이 스치고 지나가는
암자의 하늘
조금은 쓸쓸한 물빛이 감돌아
동자승 눈썹 위에 연꽃이 피고
바람이 이슬방울 굴리고 있다.

3
풍경소리 또르르 또르르 울고 있다.

수미차 水味茶

차茶 떨어지자 벗이 오시네
그대가 보내 주신 차
엊그제 동이 났네
그간 찻잔에 배인 향香
아직 즐길 만하이
석간수 한잔 끓여 우려냈으니
한잔 드시게나
수미차라 여기고, 그냥
드셔도 좋겠네, 그간
이 손에도 향이 묵고 있으니,
올해에도 곡우穀雨 때 찻잎을 모아
하늘빛과 물소리, 그리고
바람이 실어 오는
청악매, 소심란, 솔잎 향을 섞어
덖고 덖은 찻봉지, 하나
보내 주시게나
풀어지는 이파리의 부드러움으로
거문고 하나 마련하겠네
여섯 줄의 침묵과 고요로
속절없는 그리움 하나
이 봄엔 하릴없이 풀어내겠네.

엽서

시월 내내 피어오르는
난향이 천리를 달려와
나의 창문을 두드립니다
천수관음처럼 서서
천의 손으로
향그런 말씀을 피우고 있는
새벽 세시
지구는 고요한 한 덩이 과일
우주에 동그마니 떠 있는데
천의 눈으로 펼치는
묵언 정진이나
장바닥에서 골라! 골라!를 외치는 것이
뭐 다르리오 마는
삐약삐약! 소리를 내며
눈을 살며시 뜨고
말문 트는 것을 보면
멀고 먼 길
홀로 가는 난향의 발길이
서늘하리니,
천리를 달려가 그대 창문에 닿으면

'여전히
묵언 정진 중이오니
답신은 사절합니다'
그렇게 받아 주십시오
그러나
아직 닿으려면 천년은 족히 걸릴 겁니다.

가벼운 바람

사람아
사랑아
외로워야 사람이 된다 않더냐
괴로워야 사랑이 된다 않더냐
개미지옥 같은 세상에서
살얼음판 같은 세상으로
멀리 마실갔다 돌아오는 길
나를 방생하노니
먼지처럼 날아가라
해탈이다
밤안개 자분자분 사라지고 있는
섣달 열여드레 달을 배경으로
내 생의 무게가 싸늘해
나는 겨자씨만큼 가볍다.

절창

움츠린 겨울이 꿈을 안고만 있다
얼마나 쥐어짜야 눈이 내릴까
제 상처와 눈물을 다 풀어
속 깊은 그리움을 뿜어내려는가
생生의 불꽃은 하염없이 사그라들고
동지섣달 바람처럼 사라지는데
마지막 한恨을 뒤흔들 노래는
노을빛으로 산마루에 걸려 있는가
추억의 강물은 쉬임없이 흘러가고
강가 미루나무길 마른 개망초처럼
스스로 노래 한 가락 뽑지 못하고
돌아올 길 없는 먼 추억을 잊은 채
제자리나 지키고 있을 일인가
눈물처럼 떨어지는 아픔을 안고
성에 같이 꼿꼿한 꽃을 피우며
성탄절 전야
천지 가득 내리는 눈발!

먹통사랑

제자리서만 앞뒤로 구르는
두 바퀴수레를 거느린 먹통,
먹통은 사랑이다
먹통은 먹줄을 늘여
목재나 석재 위에
곧은 선을 꼿꼿이 박아 놓는다
사물을 사물답게 낳기 위하여
둥근 먹통은 자궁이 된다
모든 생명체는 어둠 속에서 태어난다
어머니의 자궁도 어둡고
먹통도 깜깜하다
살아 있을 때는 빳빳하나
먹줄은 죽으면 곧은 직선을 남겨 놓고
다시 부드럽게 이어진 원이 된다
원은 무한 찰나의 직선인 계집이요
직선은 영원한 원인 사내다
그것도 모르는 너는 진짜 먹통이다
원은 움직임인 생명이요
또 다른 생명을 탄생시키기 위해 직선이 된다
둥근 대나무가 곧은 화살이 되어 날아가듯

탄생의 환희는 빛이 되어 피어난다
부드러운 실줄이 머금고 있는
먹물이고 싶다, 나는.

아름다울 미「美」자字는 여자다
— 누드 크로키

몸은 몸이고
마음은 마음이나
몸과 마음이 하나인 세상
여자는 한 편의 시詩 「미美」자字로 선다
그렇다
여자는 미美이다
한 편의 시詩요
한 권의 시집詩集이다
시의 집이다
시인이여, 그대의 탁한 눈으로 세상의 무엇을 노래할 수 있겠느냐
저 동중정動中靜의 동動으로, 또는
정중동靜中動의 정靜으로
서 있거나
앉아 있거나
누워 있는
저 자연自然을 보아라
그대의 눈빛이 얼마나 흐리고
그대의 손끝이 얼마나 허둥대는가
아니, 그대의 속셈이 얼마나 간교하고 음흉한가를

시간은 정직하게 일깨워 주지 않겠느냐
시라고
글이라고
그대가 펼치는 축제가 사실은 텅 빈 허상이 아니겠느냐
한 포기 풀처럼
한 송이 꽃처럼
한 그루 나무처럼
아니, 바위처럼
그냥 존재하는 저 몸피를 보라
어디서 아름다움이 피어나는가
바로 발끝에서 꽃이 피고 있는 것을 그대는 아시는가
그렇다
여자는 한 권의 시집인 「미美」자字로 핀다.

게릴라 전법
— 누드 크로키

너에게 가는 길은
일방통행
순식간에 반짝이며 오가는
직선이다
나슬나슬한 너의 그곳으로
광속의 쌍창이나
수천수만의 빛화살이 박힌다
생략할 것 다 잘라버려도
존재하는 것은 순수한 아름다움
너는 움쩍도 않고
있는 그대로만 보라고,
자늑자늑 움직이는 선을 따라
나지리 보지 말라
눈뜨고 보지 말라 하네

눈마다 몽실몽실 부푸는 꽃망울
견고한 생이 파르르 떨며 피어나
새털처럼 날아오르고
고무풍선처럼,

또는 비누방울처럼
가벼이, 아주 가벼이

꽃가루 같은 아쉬움을 불어 올리고
언어의 끝에, 아니면
침묵의 끝에 머무는 기막힌 젊음
부드러운 곡선
향기로웁다.

저녁 한때

서리 하늘
찬바람
허연 억새꽃
귀밑머리
휘모리로
가는 세월을
매듭짓지
못한 채
흘리고 있어
예불 끝난
절 마당
한가로운가.

흰구름
점점이 펴
저녁 한때를
천년
침묵 속에
잠재우는데
한천에

날아드는
저녁 새소리
경전
한 장
넘기고 있다.

가을 서정抒情

1. 가을 시詩
여름내 말 한마디 제대로 고르지 못해
비루먹은 망아지 한 마리 끌고 올라와
오늘은 잘 닦은 침묵의 칼로 목을 치니
온 산이 피로 물들어 빨갛게 단풍 들다.

2. 상강霜降
가을걷이 기다리는 가득한 들판
시인들은 가슴속이 텅텅 비어서
서리 맞은 가을 거지 시늉을 내네
천지에 가득한 시를 찾아가는 길
가도 가도 머언 천리 치는 서릿발
시 못 쓰는 가을밤 바람만 차네.

3. 칼
눈썹 한 올 하늘에 떠서 푸르게 빛나고 있다!*

* 1350년에 만들어졌다는 '칼'을 꿈에 선물 받고 들여다보니
위의 명문銘文이 새겨져 있었음.

황홀한 봄날

우이도원牛耳桃源 남쪽
100년 묵은 오동나무
까막딱따구리 수놈이
딱딱딱, 따악, 따왁, 따왁
빨간 관을 자랑하며
동쪽으로 문을 내고
허공을 찍어 오동나무 하얀 속살을
지상으로 버리면서
집짓기에 부산하고,
암놈은 옆의 나무에서
따르르르, 따르르르, 옮겨 앉으며
딱, 딱, 딱,
먹이를 캐고 있다
새들마다
순금빛 햇살에 눈이 부셔
물오른 목소리로 색색거리고,
연둣빛, 연분홍, 샛노랑 속에
세상을 오르고 내리면서
버림으로써, 비로소, 완성하는
까막딱따구리의
황홀한 봄날.

산벚나무 꽃잎 다 날리고
— 은적암隱寂庵에서

꽃 지며 피는 이파리도 연하고 고와라
때가 되면 자는 바람에도 봄비처럼 내리는
엷은 듯 붉은빛 꽃 이파리 이파리여
잠깐 머물던 자리 버리고 하릴없이,
혹은 홀연히 오리나무 사이사이로
하르르하르르 내리는 산골짜기 암자 터
기왕 가야할 길 망설일 것 있으랴만
우리들의 그리움도 사랑도 저리 지고 마는가
온 길이 어디고 갈 길이 어디든 어떠랴
하늘 가득 점점이 날리는 마음결마다
귀먹은 꽃 이파리 말도 못하고 아득히,
하늘하늘 깃털처럼 하염없이 지고 있는데
우리들 사는 게 구름결이 아니겠느냐
우리가 가는 길이 물길 따르는 것일지라
흐르다 보면 우리도 문득 물빛으로 바래서
누군가를 위해 잠시 그들의 노래가 될 수 있으랴
재자재자 끊임없이 흘러가는 물소리 따라
마음속 구름집도 그냥 삭아내리지마는
새로 피어나는 초록빛 이파리 더욱 고와라.

가을 한때

남자는 늙어도 철이 들지 않는다
철이 다 빠져나가
푸석푸석한 뼈
내일 어찌 될 줄도 모르는 나이
치사랑 내리사랑 다 어설픈데
평생 지고 다닌
집념을 풀어 놓으면
꿈속에서나마
생때같은 자식을 낳는 자궁을 품는지
봄이면 죽순도 죽죽 솟아오르고
차나무 이파리도 스르르 버는데
막막하게 마른 초원이 하늘과 붙어 있다
한때도 지고 나면 허무한 만큼
때로는 유치하고 치사한 것이 아름다운 건
나이 탓인가
철 탓인가.

숨구멍은 왜 열려 있는가

호수가 꽝꽝 얼어붙어
물 위와 물 밑을 차단해도
한 옆 어딘가에 얼지 않는 숨구멍이 있어
호수가 숨을 쉽니다

아이들이 얼음을 지치다
미끄러져 들어가 물고기가 됩니다
숨을 놓은 영원이 됩니다
왜 아이들이 기댈 언덕이 물 밑에 없는지

잘 덖이고 덖인 후에야
몸을 버리는 차茶ㅅ잎이
잘 익은 물을 만나
다시 아름다운 몸을 얻는 것처럼

이 세상 어딘가에
여린 마음 하나 기댈 언덕이 있었으면
하늘과 땅을 이어주는
숨구멍이 있었으면

첫새벽
자궁처럼 따뜻한 물 속에서
생각을 모아 봅니다
숨구멍은 왜 열려 있는가.

한탄강에서

처서 지나면
물빛도 물빛이지만
다가서는 산빛이나 햇빛은 또 어떤가
강가 고추밭은 독이 오를 대로 오르고
무논의 벼도 바람으로 꼿꼿이 섰다
이제는 고갤 숙이기 위하여
맨 정신으로 울기 위하여
아래로 아래로 흘러가는 강물은
무엇이 그리 급한지
반짝반짝 재재재재
몸을 재끼면서
그리움도 한 움큼 안고
쓸쓸함도 한 움큼 안고
사랑이란 늘 허기가 져! 하며
물결마다 어깨동무를 한다
다리 밑 소용돌이에 물새 몇 마리
물 속에 흔들리는 구름장 몇 점
가자! 가자! 부추기는 바람소리에
흘러가는 물결이여 세월이여
처서 지나면

모든 생이 무겁고 가벼운
이 마음의 끝

한탄강에 와 한탄이나 하고 있는가.

청명 清明

손가락만한 매화가지
뜰에 꽂은 지
몇 해가 지났던가
어느 날
밤늦게 돌아오니
마당 가득
눈이 내렸다
발자국 떼지 못하고
청맹과니
멍하니 서 있는데
길을 밝히는 소리
천지가 환하네.

우도牛島에서

한 남지가 바다로 들어가고
또 한 남자가 따라 들어가고

그해 겨울
우도 바닷가에는

무덤마다 갯쑥부쟁이가 떼로 피어
바다만 바라보고 있었다

남정네들 떠나간 자리마다
눈빛이 젖어

낮게 낮게 몸을 낮추고
하염없이 바다만 바라보고 있었다.

봄[春]꽃과 꽃봄[見]

1. 별것 아니네

지나고 나면 별것 있으랴
순간 견디지 못하고
피면서 지고 지면서 피는
부드러운 꽃을 위하여
내 너에게 잠깐 머물 때
하늘가 춤추는
금빛 아지랑이
참,
환장하것네
꽃은 피기 위하여 지는가

2. 지는 꽃을 보며

네가 내게 무슨 마음먹겠느냐
온종일 꽃비 속에 촉촉이 젖어
그냥 앉아 있어도 가슴이 아릴 뿐
너야 꽃 지면 열매 맺어
금빛 가을이 빛나겠거니

홀로 가는 길 꽃비만 억수로 내려
너의 흔적을 지우나
그래도 꽃잎은 꽃잎이어서
비끼는 노을빛 애처로운 마음 한 닢
지는 것은 지는 만큼 눈물겨움이거니
고단한 영혼의 처진 어깨 위
은하처럼 불꽃처럼 내리는 꽃잎…
꽃잎은 지면서도 세상을 환하게 밝혀
내려가는 길도 때로는 따뜻하게 한다

3. 피는 꽃을 보며

천지간 지천으로 터지는 꽃망울
새들도, 새소리에도
물이 올라, 물이 들어
눈 맞추고 입 맞추고
온몸 기름 잘잘 돌아
물 뚝뚝 듣는 소리
단내 묻어나네
자르르 자르르 우는 새

흔티흔한 사랑노래도
소리에 색이 들어
색색色色거리며 색 쓰는 소리
풀도 나무들도 귀가 먹먹하고
하늘 바라보는 눈도 막막하네
씨이씨이 쓰비쓰비 씨씨씨

4. 봄날은 간다

피터지게 피어나는 꽃 속에서도
하염없이 휘날리는 꽃비 속에도
한없이 초라한.

등꽃 아래 한나절

숭어리숭어리 꽃숭어리
숭얼숭얼 늘어진,
환한 꽃그늘 속으로
바람 따라 날아들어
그리운 고향에 닿으면
흐드러진 잠으로 빠져들리
깔깔대며 미친 듯
홀라당 벗고 발광發光하며 춤추는
천사들의 청루靑樓에서
빛두루마기가 된 한나절
'너는 내 시의 고족高足,
아니 사부師傅'하자
'이 꽃은 직유로 피고
네 시는 은유로 서네'라고 사분대네
사분사분 사분사분.

백수白首의 백수白手의 꿈

그녀의 머리칼에 햇살이 느럭느럭 그물 걸릴 때
그녀의 눈에 맑은 호수가 자란자란 안길 때
그녀의 눈썹마다 이슬방울 아슬아슬 아롱질 때
그녀의 입술이 모란꽃으로 지절지절 벌어질 때
그녀의 목덜미에 이몽가몽 적막이 감돌 때
그녀의 가슴에 꽃향기 잘싹잘싹 물결칠 때
그녀의 배꼽 위로 안개가 욜랑욜랑 드리울 때
그녀의 엉덩이에 헹글헹글 곡선이 그려질 때
그녀의 가랑이 사이로 느실난실 봄바람 스칠 때
그녀의 발가락에 토실토실 흙 내음 번질 때.

우리나라 사람들은

그들은 손끝에 눈을 달고 있다
손끝마다 반딧불이가 반짝반짝 빛을 낸다
그들은 손끝에 귓구멍이 뚫려 있다
모든 소리가 그 구멍으로 자궁자궁 모인다
그들은 손끝에 가슴이 열려 있다
미움도 사랑도 그곳에서 가슴가슴 일어난다
그들은 손끝에 혀가 달려 있다
술도 손끝으로 마시고 간도 본다
그들은 손끝에 입이 붙어 있다
손끝으로 주문을 주문주문 외고 있다
그들은 손끝에 우주를 품고 있다
별도 달도 그 끝에 달랑달랑 달려 있다

그들은 눈이 없다, 그래도
눈빛이 쇠심줄만큼 질기다
아, 독하다, 손끝,
그들은 꽃도 손끝으로 감상한다.

상사화 相思花

내가
마음을 비워
네게로 가듯
너도
몸 버리고
마음만으로
내게로 오라
너는
내 자리를 비우고
나는
네 자리를 채우자
오명가명
만나지 못하는 것은
우리가 가는 길이 하나이기 때문
마음의 끝이 지고
산그늘 강물에 잠기우듯
그리움은
넘쳐 넘쳐 길을 끊나니
저문저문 저무는 강가에서
보라

저 물이 울며 가는 곳
멀고 먼 지름길 따라
곤비한 영혼 하나
낯설게 떠도는 것을!

옥진玉塵의 시詩를 위하여

구름 위에 노는 몸과
파도 위를 걷는 마음으로
가슴에 별을 띄우는 사치의 삶이 아니기 위하여

이렇게
쉽게
사는 삶을 버리기.

몸바다인 그대의 물비늘 하나와
옆구리에 뜨는 달
갈비뼈 사이마다 맑은 빛너울 같은 시를 위하여

이렇게
쉽게
쓰여지는 시를 버리기.

낙엽 또는 시린 정情

몸이 멀어지고
마음이 뜨면
죽음처럼 가벼운, 또는, 무거운
영혼 하나

저 광활한 무한 천공 속으로
저 칠흑의 거대한 심연으로

끝없이
낙하하는
삶처럼 기막힌, 또는, 가혹한
육체 하나

저 명주바람 감도는 금성으로
저 보름사리 시퍼런 화성으로.

관음소심 觀音素心

그녀는 하루에도 몇 번씩 나를 살해한다
정수리에 총을 쏘기도 하고
비수를 가슴에 꽂기도 한다
눈물로 나를 익사시키기도 하고
악, 소리치며 물러서게 한다

그녀는 발가벗고 있다
온몸이 젖빛으로 흐르고 있다
눈과 둔부가 젖어 있다
손가락과 마음도 젖어 있다
그녀의 샅에서 물 흐르는 소리 들린다

나는 그녀를 감싸 안는다
초록빛이 죽음 속에 감돌고 있다
희망은 늘 등 뒤에 있어도
다스릴 수 있는 절망의 물빛으로
그녀는 꽃을 피운다

지상의 모든 빛이 다 모여
불꽃을 피우고 있다

찬란한 해산이다

고요의 북이 울리고

소심素心이 피고 있다.

제주한란

기다려도 기다려도
발자국 소리 오지 않더니
가을 들어
가장 맑은 날 밤을 골라
첫서리 내리자
드디어 네가 날개를 펴
암향을 천지사방으로 흘리며
아름다운 덫을 놓고 있다
연보랏빛 깊은 화옥花獄을 쌓아
골짜기마다 처음으로 길이 트이고
마을이 화안하다 못해 향그럽다
영원이 거기 있어 나를 열고 있는가
이미 꽃은 꽃이 아닌 꽃이 되어
입술이 젖어 있고
제주바다가 눈썹 위에 잔잔하다
안과 밖이 공존하는
있음과 없음이 함께하는
너의 중심으로
나의 모든 길이 향하고 있다
네 주위에 와 노는 한라산 바람

연보랏빛으로
무위의 춤을 엮나니
정중동靜中動이요 동중정動中靜
화심세계花心世界로다.

금란초 金蘭草

무등無等의
산록

금빛
화관을 이고

황홀한
화엄세계를

꽃
한 송이로

열고 있는
여자女子.

황홀

세상이 모두 내 것인데
내 것은 아무것도 없다
내 이빨은 이빨의 것이고
내 심장은 심장의 것이다
나는 내 것인가 남의 것인가
나는 나인가 남인가
내 마음은 내 마음이지
내가 아니다
내 생각은 내 생각이지 내가 아니다
나는 우주 속에 있고
우주는 내 속에 있다
아가야, 네 눈 속에 미소가 있다
네 눈 속에 꽃이 핀다
네 눈 속에 우주가 있다
너는 우주다
향기 나는 우주다
황홀한 우주다, 아가야.

사랑의 뿌리

지난 봄날 나는 너를 보냈다
그 동안 든 정 때문에 찰칵
마지막 사진을 찍고
모를 것이 정이라고
그간 서로 붙어 살아왔다고
떠나려 하지 않는 너
단호하게 결별을 선언했지만
뿌리는 두고, 너는
몸만 가버렸다
필요 없는 사랑은 화근거리
사랑이면 은밀히 묻어두었을 것을
사랑의 오독이었을까
시간이 가면
뿌리도 저절로 솟아오르리라
지층 깊이 박혀 있는 너를 보내려
다시 입 꽉 다물고 촬영을 하고
몽혼을 하고
집게로 뿌리를 물고 뽑아 올린다
바르르 바르르 몸이 떨리고
자지러질 듯 혼절할 듯

이마에 진땀을 흘리며
너도 나도 울고 있었다
나도 너를 떠나보내기 아쉬웠던가
재차 마취를 하고
무지막지하게 떨치려 해도
옴짝달싹도 않던 너…
드디어 손을 놓고 너는 울었다
너 있던 자리 얼기설기 꿰매고
허탈과 통증으로 일그러진 한밤
시커먼 피가 꾸역꾸역 흘러나온다
너의 흔적이, 너의 상처가,
뼛속의 적막이 온몸을 찍어 누른다

사랑은 부드러운 힘,
지독한
또는
악랄한.

해장술 한잔 할까, 우리?

토막토막 끊긴 생각들이
밤새도록 빈집을 짓고 있었다
불타는 집을 짓고 있었다
새벽녘 불집 속에서 잠이 깨면
빈집은 이미 없다
세상은 있음과 없음으로 존재하고
높고 낮음으로 갈라지고
강하고 약함으로 싸우고 있다
가장 부드러운 견고함으로
눈물 젖은 절망의 파편들이
머리 속에 총칼을 들이대고 있다
악을 쓰던 간밤의 허망과
간 길 다시 간 생각으로
흔들리는 새벽녘
뿌연 안개치마에 감싸인 세상
콩나물국이나 북어국으로
희망 하나 발가벗은 채 달려가고
냉수 대접 속에서 재생하는데
해장술 한잔 할까, 우리?

가을 수채화

하늘이 맑은 날
산에 올라
머리 풀어 바람에 빗듯
창틀 위 난초 이파리들
바람에 몸 씻고 있네
이파리 사이마다
바람도 한 몸 이루어
천지가 청상흔흔하다
난초 속에 부처가 앉아
바람으로 시를 빚어
푸른 향을 천지에 날리니
은은한 독경 소리
우주가 고요하다
난초꽃 속의 삼만 오천 세계
적멸 암자의
사미니 가슴속 같네.

금빛 처녀

온 세상이 황금 물결치는 계절
하얀 이슬이 맺히는 날
금빛 처녀 하나 물고 와
구중심처에 숨겨 놓았네
평생을 같이한 조강지처
버린 지 며칠이던가
믿지 못할 것이 사람의 인연
입을 귀에 걸고
함박웃음을 속으로 감추면서
다짐하노니
'나 이제 죽을 때까지
너를 깨물어 주면서 살리라
빨아주고 핥아주고 아껴주면서
문지르고 닦아주고 보살피면서
남은 생을 금빛으로 밝히리라
온새미로 있는 듯 없는 듯
우리 사랑 궁합이 잘 맞아
물고 깨물고 부수면서
해로하리라, 오오, 나의 금니여!'

흔적

창 앞 소나무
까치 한 마리 날아와
기둥서방처럼 앉아 있다
폭식하고 왔는지
나뭇가지에 부리를 닦고
이쪽저쪽을 번갈아 본다
방안을 빤히 들여다보는 저 눈
나도 맥 놓고 눈을 맞추자
마음 놓아 둔 곳 따로 있는지
훌쩍 날아가 버린다
날아가고 남은 자리
따뜻하다.

귀

우이동 골짜기
귀 씻는 샘이 있지
세이천洗耳泉!
누구나 이곳에 와
귀를 씻으면
세상의 더러운 소리
다 씻겨 나가지
풀 바람 바위의 말씀
비로소 귀에 들리는
순한,
아주 순한 귀가 되지
귀병원 다녀봐야
낫지도 않는
가렵고 욱신대는 긴긴 가을밤
뜰에 나서면
하늘은 낮인 듯 푸르고
흰구름도 흩어져 피어 있는데
동녘 하늘엔 별들이
풀꽃처럼 웃고 있네
쏴 쏴아 쏴아하 쏴아아하! 불던

솔숲의 바람소리
찌입 찌이 찌입 찌찌찌입! 하던
숲 속의 새소리
눈으로 듣든 손으로 보든
꽃은 꽃이고
바람은 바람인데
마을로 내려와 다 잠든 밤
귀만 홀로 깨어
우주의 고요를 담고 있네.

몸 1

사랑하라,
네 몸은 네 것이 아니다
네가 잠시 빌려 살고 있는
신神이 주인이신 집이다
너는 몸에 대해, 전혀
신경을 쓰지 마라
빌린 대로 그냥 쓰면 되느니,
네 것인 양하다 보면
병이 나는 법法,
계약 기간이 다하면
신의 소유물은
되돌려 줘야 할 것 아니냐
주인 없는 물건처럼 보지 마라
신경은 신神의 경經이다
신이 다스리는
네 몸의 허공에 난 수많은 길이다
네 몸이 왕래하는
중추와 말초,
신경 전쟁을 벌이게 하지 마라
원자전보다 무섭느니

절하라, 하루 백팔 배, 아니 삼천 배
네 몸에 절하라
너의 신에게 경배하라
원초적 그리움이나 외로움을 벗고
네 몸 가까이 고요가 있나니
보라, 눈감고 고요를 보라.

가을 엽서

풀잎에 한 자 적어
벌레소리에 실어 보냅니다
난초 꽃대가 한 자나 솟았습니다
벌써 새끼들이 눈을 뜨는
소리, 향기로 들립니다
녀석들의 인사를 눈으로 듣고
밖에 나서면
그믐달이 접시처럼 떠 있습니다
누가
접시에 입을 대고
피리 부는 연습을 하고 있습니다
창백한 달빛을 맞은
지상의 벌레들도
밤을 도와 은실을 잣고 있습니다
별빛도 올올이 내려
풀잎에 눈을 씻고
이슬 속으로 들어갑니다
더 큰 빛을 만나기 위해
잠시,
고요 속에 몸을 눕니다

오늘도
묵언 수행 중이오니
답신 주지 마십시오.

꿈 2

가을이 깊어지는가
벌레소리 또르르또르르 소소하더니
벌써 소슬하니 말리고 있다
저녁이면 그믐달이
아쉬운 심사로 별 하나 데리고 나와
지상의 벌레소릴 접시에 주워 담고 있다
꽃들도 눈꼬리가 내려앉고
젖꼭지도 말라버렸다
흥건하던 물소리 잦아들고
메마른 바람만 들락이는 대지
지난여름은
무성한 애무의 계절이었다
본능적인 사랑의 신음 속에서
추문의 흔적과 굴욕의 상처도
이제 슬픔으로 남아 익고 있다
지상의 모든 생명체들은
원형의 비상구를 닫아걸고
깊은 잠을 준비하고 있다
마지막 빛을 열매 속에 갈무리하고
제자리를 지켜야 하는 한 해의 고비

온다는 소식 없고 간다는 말뿐
사람과 사람 사이마다
절망의 물이 되기 위하여
잠시 죽음의 불 속에 드는
발자국 소리 더욱 또렷이 서고
높이로 승부를 하는 하늘
지상에 펼쳤던 모든 꿈을 담아
멀리 멀리 떠나고 있다.

풀벌레 울음소리

빨갛게 독이 오른
고추밭에서
풀벌레들이 울고 있다
저 놈들도 독이 올라
빨갛게 울고 있다
뜨거운 노래는 땅에 묻는다는데
아직도
그리움이 남아 있는지
울음을 허공에 풀고 있다
돌아갈 길 못 찾아
등불 밝히고
손 없는 날 잡아 길 떠날까
서서히,
여름의 흔적이 지워지고
지상의 모든 꿈이 둥글게 익어
길 끝에 서고 있는,
가득한 들녘에 다 벗고 서서
두 눈을 가리워도
하늘은 투명한데
저놈들은 빨갛게 울고만 있다.

몸 2

때 씻을 두 말의 물과
마음 닦을 비누 일곱 개의 지방과
글 쓸 연필 아홉 자루의 연鉛과
정신의 방 한 칸을 바를 석회와
불 밝힐 성냥개비 2,200개의 인燐과
방 소독할 DDT를 만들 유황과
뼈 흔들리지 않게 칠 못 한 개의 철鐵로
평생을 수리하며 사는,
무한임대로 빌려 살고 있는
집
빨아 널지 못하고 입고 사는
옷
남은 향香으로 싸목싸목 지는
꽃
쓰다 말고 놓아 둔 미완성의
시
길 없어 길 찾아 홀로 가는
길
오오, 나의 몸,
한 줌의 비애여!

한가을

내일 모레
한가위
때도 이제 깊을 대로 깊어
통! 통! 소리를 내며, 우주가
고무공처럼 굴러가고 있다
지금은
가볍고도 무거운
계절,
모든 살은 다디달고
뼈는 강철보다 단단하다
잘 익은
승객들을 가득 태우고
초고속열차가 다음 역을 향해 출발했다
미처 승차하지 못한
구절초,
쑥부쟁이가
손을 흔들고 있다.

한로 寒露

지상의 가을이 익을 대로 익으면
신神의 손가락인
가장 아름답고 깨끗한 풀잎마다
물빛 구슬이 맺힌다
우주는 신의 장난감
구슬 속에서 굴러간다
<u>또르르또르르</u>
투명한 하늘이 높이 걸리고
모두가 무거운 몸을 뉘인다.

길고 쓸쓸한 하루

맨몸으로 던져진
울음과
철모르고 부르던
노래와
날개가 돋아나던
황홀한 순간과
뜨거운 모래밭을
맨발로 걷던 절정과
별에서 별로 날아다니던
눈부신 비상
그리고
칼날과 송곳 위를 기던
아찔한 순례의 길
아아
한평생이란 묵묵히 걸어가는
길 위의 하루하루인가
한 생이 지고
다시
맞는
길고

쓸쓸한

신사辛巳 팔월 열여드렛날.

춤

소리는 춤을 싣고
춤은 소리를 타고
하늘을 날고 있네
춤추는 이여!
그대의 손끝에 우주가 있고
영원이 그대 손 안에 있어
우리를 숨 막히게 하네
그대의 몸짓이
언어를 희롱하고 있네
그대 몸짓 앞에서, 우리는
모두 눈을 감나니
우주가 빙그르르 도네
강물이 출렁이고
바람이 멎고
산이 솟구치고
새들이 날아드네
몸이 피워내는
가장 아름다운 꽃
몸짓으로 엮는 영혼의 꽃다발
우주에 던지고 있네

그대의 몸에서는
찰나와 영원이 함께 하고
빛과 어둠이 하나가 되네
춤추는 이여!

이슬

이슬은 신의 눈물
그 속에 우주가 들어 있다
투명한 무덤 속에
사내인 순간과
계집인 영원이 묻혀 있다
물빛으로 이승을 밝히는
적멸의 암자마다
'영원은 순간 속의 순간
순간은 영원의 아들!' 하며
경을 외고 있다
낭랑한 울림 따라
순수의 결정,
이슬방울이 구르고 있다
그 속에서는
곤비한 우리들의 삶도, 드디어
환하게,
불이 켜진다.

천지간에 절대 사랑 어디 있으랴

흙으로 빚어 천삼백 도 열로 구은
천지간에 하나뿐인 도공의 혼백!
티 없는 그릇도 금이 가고 깨어져
다시 대지로 돌아가 흙이 되느니!

사랑이여 가을에는
— 향부자 香附子

사랑이여 가을에는
네 몸에 불을 질러라
다 태워버려라
한여름 피어오르던 짙은 젊음
이제 마른 풀잎으로 남아
시든 허상뿐
겉불을 질러
겉으로 무성한 허무의 껍질
다 태우고 나면
허망한 잿더미
바람에 풀풀 날리고
다 쓸려가고 나면
남을 것은 이 지상엔 없다
땅 속 깊이 묻혀
불로도 타지 않고,
죽지 않고 박혀 있는
사랑의 뿌리
다시 캐내어
불로 사루고 사루면
까맣게 남는 새까만 알갱이

그것도 사랑은 아니다
다시 씻고 부시고 닦으면
한 줌 금으로 남을까
다 타서 없어진
네 사랑이 향기로울까
사랑이여
이 가을에는
네 몸에 불을 질러라
다 태워버려라.

그믐달

팔월 그믐께
동쪽 하늘
앞가슴 풀어헤친
푸른 바다 위
목선 한 척
떠 있다
어둠 가득 싣고 있다
모두 부리고
쓸쓸함만 싣고 있다
모두 내리고
빈 배가 가고 있다
별 몇 개 거느리고
넉넉한,
빈 배가 더 무거워
하늘이 기우뚱,
중심을 잡고 있는 우주가
있는 듯 없는 듯
이제 곧 적막에 닿으리라.

남한강에 가서

가는 곳이 어딘지 몰라
잠 속에서도 깨어 흐르고
흐르면서 잠에 빠지네
흐름이 가벼워 잠이 깰까
얼음 얼려 몸을 누르고
숨구멍은 마저 얼지 않고
깨어 자는 흐름으로 가네
눈발은 흩날리며 반짝이고
몸을 가벼이 재끼면서 내려
언 강물에 몸을 누이네
카랑한 물소리…,
자즐자즐 흘러가는 천리를
누가 길 밝혀 줄 것이랴
겨울 강 혼자 깨어서 가네.

도화 桃花

저 많은 성기들
어디다
몰래
숨겨 두었다
봄이 온 걸
어찌 알고
발갛게,
빨갛게
고개 들고
발기하는가.

5월은 오고

비 개고
5월,
너 온다는 기별
온 세상이 환히 열리는데
내 눈이 감기고
목도 잠기네
하늘 아래
눈부신 슬픔이 기쁨일까
기다림은 풀잎에 걸고
눈물은 하늘에 띄우네
숨이 막혀, 숨이 차
마음만, 마음만 하던
숨탄것들, 푸새, 나무들
봇물 터지듯
귀청 아프게 초록빛 뿜어내니
홀맺은 한
가락가락 풀어내며
5월은 또 그렇게 저물 것인가.

종鐘이 있는 풍경

1
종은 혼자서 울지 않는다
종은 스스로 울지 않고
맞을수록 맑고 고운 소리를 짓는다
종鐘은 소리가 부리는 종
울림의 몸,
소리의 자궁
소리는 떨며
가명가명 길을 지우고
금빛으로 퍼지는 울림을 낳는다

2
종은 맞을수록 뜨거운 몸으로 운다
나의 귀는 종
소리가 고요 속에 잠들어 있다
종은 나의 꿈을 깨우는 아름다운 폭탄
그 몸속에 눈뜬 폭약이 있다
위로의 말 한마디를 위하여
종은 마침내 소리의 집에서 쉰다

3
종은 때려야 산다
선다
제 분을 삭여 파르르 파르르 떨며
지상에서 가장 아름다운 울음으로
하나의 풍경이 된다.

겨울을 찾아서
— 소설小雪

다시 서른 한 번의 가을이 가고
나의 곳간은 여전히 텅 비어 있다
귀밑머리 허옇게 날리는 억새밭
삽상한 바람소리 잔잔해지고
산에도 들에도 적막이 잦아들면
나 이제 돌아가리 고향 찾아서
하얗게 눈이 내린 휴식의 계절
고요가 울고 있는 암흑 속으로
부르르 부르르 경련을 하던
내 오전의 미련, 미련 없이 던지고
천의 바다 출렁이는 파도를 타고
나 이제 돌아가리 영원을 찾아.

겨울밤의 꿈

긴긴 겨울밤 깊디깊은 잠
깰 줄 모르는 죽음 속에서
칠흑으로 칠흑으로 빠져드는 꿈
가슴속 시냇물 꽝꽝 얼어
유리창에 성에꽃 칼로 피워도
입김에 지는 눈물 흘러내리듯
단단한 겨울밤은 지새는가
부리 얼까 죽지에 고개 묻은,
새.

북한산

어머니에게 문이 없듯
산은 언제나 열려 있는 집
새벽에 기어나갔다
어둠 속 그 품에 다시 안기면
포근함에 젖는 무심
나이도 없고
세월도 없고
말도 필요 없어
다 벗어놓고 다 풀어놓고
자궁 속 아기처럼
아늑한 평화, 고요한 휴식의 초록빛
마음의 중심을 잡네.
황홀한 헛된 꿈 다 버리는
이곳은 어머니, 또는 하늘
맨가슴으로 맨땅이 어머니에게 엎드리고
맨몸인 하늘에 닿느니
깊고 넓고 높은 삶
서둘지 마라
꽃들은 꽃들대로
새들은 새들대로

넉넉히 사는데
네 얼마나 높겠느냐.
산은 천년을 하루같이 살고
나는 하루를 천년같이 살지 않는가.

먼지의 무게

아무것도 아닌 것이 아무것도 아니다
천지가 먼지다, 먼지가 지천이다
보이지도 않는 것이 무게를 잡는다
그렇다
먼지는 있다, 무게다, 쌓인다
쌓이고 쌓여 하나의 존재를 이룬다
아무것도 아닌 것이 역사다
그것이 먼지의 무게다.

오죽烏竹

동지선달 깊은 밤
지은 소리로

석 달 열흘 내린 눈
잦힌 칠흑 빛

천년을 울리고저
비우고 비운

동지선달 긴긴 밤
숨죽인 가락.

오오, 너 여자여
— 누드 크로키

너를 직시하면서도
나는 딴 곳에 가 있다
능선을 구르다
골짜기로 빠지듯이
눈을 감으면
너는 손끝에서 피어나고
그 중심에서
나는 흔들린다
너는
대지, 그 흙이고 물이다
때로는 나비
소리 없이 우는 매미요
땅 속으로 부는 바람
타오르는 불길이다
이제 죽음 연습이나 하랴
절정에 피는 꽃이여
한 점의 시간을 위하여
나는 아무것도 아니다
저 정지된 시간에서
네가 날아가는 소리 들린다

내가 스미고 저미는 시간 속에
너는 칼날처럼 번득인다
늘 영원으로 반짝이는
내 원의 직선을 부러뜨리는 너
너의 서 있는 모습 아름답다
오오, 너 여자여
우주의 기원이여!

꿈 1

삼악산三嶽山 아래
구공사究空寺 골방에서
몇 십 년을 묵었다
다시 한 살이 되니
허공중에서 헤엄치듯
하늘을 날게 되었다
엊저녁에도 허공세상에서 놀았다
『걸어 다니는 물고기』*의 등을 타고
『구름 위의 다락마을』**에도 놀러가
은자隱者 만나 이슬 한잔,
매화꽃에 취해 그 속으로 들어가니
한순간에 천년이 흘러갔다
찰나가 영원이었다
솟구쳐 오름과 내리꽂힘
평행 비행을 하는 동안
자유의 절벽에서
백수白手/白首들이 사랑의 뿌리를 씹고 있었다
제 맛이 안 나는지
오줌을 짜면서 낄낄대고 있었다
물 같은 사랑은 보이지 않았다

옴마니 반메훔!

*『걸어 다니는 물고기』: 이생진 산문집(책이있는마을. 2000)
**『구름 위의 다락마을』: 임보 선시집(우이동사람들. 1998) .

이 맑은 날에

절망도 빛이 돌고
슬픔도 약이 되는
이 지상에 머무는
며칠간
내 곁을
꽃자줏빛 그리움으로
감싸주는
그대의 눈빛
아픔도
허기가 져
칼날로 번쩍이는
이 맑은 가을날
그리워라
아아,
한줌의 적립赤立!

커피를 타며

하얀 사기잔
커피 알갱이 한 숟가락
설탕 한 숟가락 넣고
팔팔 끓인 물을 붓는다
설탕 알갱이들이 뜨거운 물에
서로 부딪치며
몸을 버리느라 야단이다
커피 알갱이도, 뜨겁게,
갈색 비명을 치며 스스로 죽는다
이럴 땐 죽는 일도 즐겁다
프림 한 숟가락을 넣자
사르르 사르르 사르르르
몸을 섞어 드디어 한 몸이 되는
합일의 열락,
너와 나 하나
따스한 향으로 여는
일요일 아침,
마침내, 나도, 한 잔의 물이 된다.

가을의 무게

툭,
투욱,
투둑,
떨어지는 저 생명들
영원으로 가는 길의 발자국 소리
이 가을엔 죽음 같은 것 생각지 말자
훤한 대낮에도 별이 보이고
바람결마다 무늬 짓는데
모든 목숨들이
잠깐,
아주 잠깐,
투명한 소리로 울다
일순,
서쪽 하늘에 하얗게 묻히고 있다
기인 적멸의 계절이 오리라
내던져진 빈 그물처럼
침묵에 귀를 기울이라
영원으로 가는 길은
깊고
조용하다

맑은 영혼으로 닦이고 닦인
깊고 조용한 목숨,
무겁고 가볍다.

시詩를 찾아서

세상이 다 시인데,
앞에서 춤을 추던 놈들
눈으로, 귀로 들어와
가슴속에서 반짝이다
둥지를 틀고 있다
바다에 그물을 친다
나의 그물은 코가 너무 커
신선한 시치 한 마리 걸리지 않는다
싱싱한 놈들 다 도망치고
겨우 눈먼 몇 마리 파닥이는 걸
시라고, 시라고 나는 우긴다
오늘밤엔 하늘에 낚시를 던져
별 한 마리 낚아 볼까
허공의 옆구리나 끌어당겨 볼까
물가에 잠방대는 나의 영혼
지는 노을이나 낚을까 하다
미늘만 떨어져 나가고
수줍게 옷고름 푸는 별도 잡지 못하고
천년이 간다
길은 산보다 낮은데

나는 산 위에서
우모羽毛 같은 몸으로
천리는 더 가야 하리라
시를 만나려면.

가련하고 연약한 별에서

오른쪽 팔목을 다친
내가 기르는 왼쪽 난초 밭에는
밤낮없이 별이 떠 있습니다
가슴이 가련하고 연약한 별입니다
백성들은 입술이 푸릅니다
내가 다가가면
심장이 두근두근, 파르르 떱니다
그들이 들고 있는 번쩍이는 비수 사이
나의 말들이 먼지처럼 날다
하릴없이 떨어지고 있습니다
내가 피워내는
무의미하고 부질없는 꽃들입니다
보이지 않는
그 꽃과 이파리에서
이슬이 고요를 굴리고 있는 걸 보면
가슴이 서늘합니다
가슴에서 얼굴까지 열이 솟구치다
꽃 이파리들이 지고 있습니다
가련하고 연약한 별에서
천년이 그렇게 지나갑니다.

봄비 갠 뒤

마악
목욕탕, 나서는

열일곱
기인 머리

촉촉한
향香

연둣빛
갈증.

등藤과 오동梧桐의 등燈

은적암 골짜기 백년 묵은 오동나무
연한 속살 속
까막딱따구리 보금자리
새 새끼들 눈뜰 즈음
화안이 내걸리는 연보랏빛 꽃등!
등나무 줄기줄기 숭얼숭얼 늘어진 꽃숭어리
구름처럼 피어 외려 슬픈,
눈물빛 고요
뚝, 뚝, 떨어지고 있는
오오, 불륜의 연보랏빛 절망!
등나무 아래 흔들리는 평상의 중년
그녀가 마신 꽃소주 한잔
바람 불자
피기도 전에 떨어진 태아들
보라, 저 널브러진 연보랏빛 생生!

달빛 속 풍경

너는 모자를 쓰고 있다
챙이 넓은 모자 위로
달빛이 칼날같이 쏟아지고
네 얼굴은 보이지 않는다
잘생긴 말 한 마리
서리꽃 속을 가고 있다
바다를 버리고 온 파도가
흰 갈기를 날리며
온 섬을 휩쓸고 있다
달빛은 눈꽃 위로 내리꽂히고
온몸에선 단내가 난다
네 모자가 조금 기울었다
바다 쪽으론가
육지 쪽으론가.

쪽빛 바다를 찾아서

가자,
가을 바다로 흘러가자
수평선 멀리 잠든 섬으로 가자
여름내 타오르던 피,
이제는 맑게 바랜 영혼으로
서늘하니 슬픔도 씻어버린
가을 바다로 가자
달맞이꽃 노랗게 웃고 있는 길 따라
배롱나무 연분홍빛 사위어가고
부용화 피어 있는 고속도로
갈대숲 시퍼런 둑길을 따라
하루 종일 달리고 달려
물빛 맑은 먼 남쪽 바다
여름 벗고 알몸으로 빛나는 바다를 찾아
연꽃처럼 피어 있는 섬을 찾아서
흩날리는 상념들 털어버리고,
별들이 아득해지는 밤바다에서
유서를 쓰듯 생각을 모아
바다에 묻고
수평선 하나 주워 목에 걸면

내가 나를 만날 수 있을까
나를 찾아 쪽빛 바다로 가자.

꿈꾸는 봄바람

깟깟깟, 까앗까앗
까작까작까작!
혼사 준비로
번갈아 들락이며
집수리에 바쁜
까치 한 쌍의
울력다짐,
몰래
다가가서
문 두드리고 싶어,
내 몸의 모든
숨구멍
간질이는,
고사리
새순같이
<u>도르르 도르르</u>
말리는
마음 한 자락,
나도
가시나무 우듬지에

집 한 채 엮네
봄바람
마음대로 드나드는.

부드러움을 위하여

물이랑 연애하고 싶다
물 가르는 칼이고 싶다

이슬아침 댓잎에 맺힌 적요로
빛나는 물이 스미듯이 자르는,

칼에 베어지기 전의 작은 떨림
그 푸른 쓸쓸함 한 입 베어 물고,

길 지우는 배경물로 살아나듯
칼 지우는 투명한 물이고 싶다.

그리움을 두고

가을이 깊어지면
마음의 거문고 줄을 적시다
세상에 귀를 열어 보라
꽃 지고 난 사이 허공 길 걸어
내 갈 곳 어디런가
저린 삭신 풀어 놓고
눈뜨고 자며 뒤척이다가
속내 감춘 한줄기 바람
꿈꾸며 가다 숨길 멈춘 곳
시리리시리리 시리다 우는
천지간에 지천인 풀벌레소리
이미 한세상 내디딘 걸음
어찌 돌아갈 수 있으랴
그것이 우리의 밥술인 것을
손톱반달만한 그리움도 있어.

파도의 말

흐름, 끝없는 흐름이 되어
쉬임없이 출렁이며
너에게 가고 싶다
상형문자로 솟아 있는 섬으로
울음을 태워 끊임없이 삼키면서
속으로 꿈틀대는 그리움 안고
파도가 되어 너에게 가고 싶다
네 속으로 헐떡이며 스며들어
찬란한 고립이 되고 싶다
쓰리고 아린 상처투성이
금파은파로 천파만파 일구어
반란하듯 너에게 가고 싶다
너에게 부딪쳐
하얗게 깨어지고 싶다
눈부시게 부서지고 싶다.

시간을 찾아서

충북 청원군 남이면 척산리 472번지
신사년 오월 초엿새 23시 05분
스물 세 해 기다리던 아버지 곁으로
어머니가 가셨습니다
들숨 날숨 가르면서
저승이 바로 뒷산인데
떠날 시간을 찾아
네 아들 네 딸 앞에 모아 놓고
며느리 사위 옆에 두고
기다리고 기다리며
가는 시간을 맞추어
마지막 숨을 놓고
말없이,
한 마디 말씀도 없이
묵언의 말씀으로
이승을 멀리 밀어 놓고
어머니는 그냥 가셨습니다
여든 두 해의 세월이, 고요히
기우뚱했습니다.

* 어머니는 2001년 6월 26일(신사辛巳 오월 초엿새)에 가셨습니다.

투명 속에서

어머니 가시고
3×7일
마음 뜬 몸으로
살다

큰비
개고

환한 세상

빗결에 씻기고
빛결로 빗은
날개가 빚는
매미 소리

투명한
소리결따라
마음 씻어, 빗어
새로 빚고

물소리
청아하게
흘러내리는
오리나무숲

맑은 휴게
잠깐의 고요

그 속으로
보이네

물의
알몸

그 투명함.

세란헌洗蘭軒에서

난잎에
고요처럼
내려앉는 먼지를
마음으로
씻어주는
새벽녘
때맞춰
화로에선
차茶ㅅ물이 끓는데
화선지에
묵향墨香은
번지지 않고
가슴에
그리움만
고요처럼 쌓이네.

국립중앙도서관 출판시도서목록(CIP)
푸른 느낌표! : 1998 가을부터 2003 봄까지 / 홍해리. -- 서울 : 우리글, 2006
   p. ;   cm. -- (우리글대표시선 ; 8)
ISBN 89-89376-58-0 04810 : \6000
ISBN 89-89376-26-2(세트)811.6-KDC4
895.715-DDC21   CIP2006002404

푸른 느낌표!

펴낸날 | 2006년 12월 12일 • 1판 1쇄
지은이 | 홍해리
펴낸이 | 김소양
편집 | 정정섭 · 이윤희
영업 | 임홍수

펴낸곳 | 도서출판 우리글 • 전화 | 02-566-3410 • 팩스 | 02-566-1164
주소 | 서울시 강남구 역삼동 837-17 삼성애니텔 1001호
이메일 | wrigle@wrigle.com • 홈페이지 | http://www.wrigle.com
출판등록 | 1998년 6월 3일 제03-01074호

ⓒ 도서출판 우리글 2006
Printed in Seoul, Korea

ISBN 89-89376-58-0 04810
     89-89376-26-2
* 잘못된 책은 바꾸어 드립니다.
* 책값은 뒤표지에 있습니다.